PÂQUES

COLORIAGE ET DÉCOUPAGE

CAHIER D'ACTIVITÉS POUR ENFANTS

LE CLASSEUR DE PÂQUES APPARTIENT À

____

____

____

____

QUELLE IMAGE VIENT ENSUITE?
COLORER PUIS COUPER ET COLLER

QUELLE IMAGE VIENT ENSUITE? COLORER PUIS COUPER ET COLLER

QUELLE IMAGE VIENT ENSUITE? COLORER PUIS COUPER ET COLLER

QUELLE IMAGE VIENT ENSUITE?
COLORER PUIS COUPER ET COLLER

QUELLE IMAGE VIENT ENSUITE? COLORER PUIS COUPER ET COLLER

COLORER PUIS COUPER ET COLLER
DANS LA BONNE BOÎTE

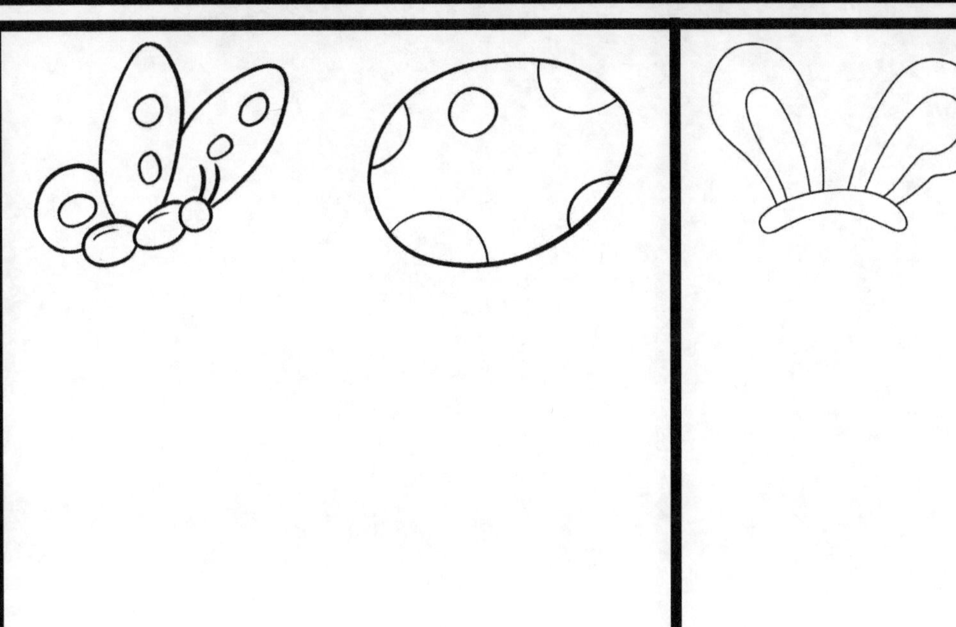

COLORER PUIS COUPER ET COLLER DANS LA BONNE BOÎTE

COLORER PUIS COUPER ET COLLER DANS LA BONNE BOÎTE

COLORER PUIS COUPER ET COLLER DANS LA BONNE BOÎTE

COLORER PUIS COUPER ET COLLER DANS LA BONNE BOÎTE

COLORER PUIS COUPER, ET COLLER LE BON NUMÉRO

COLORER PUIS COUPER ET COLLER LE BON NUMÉRO

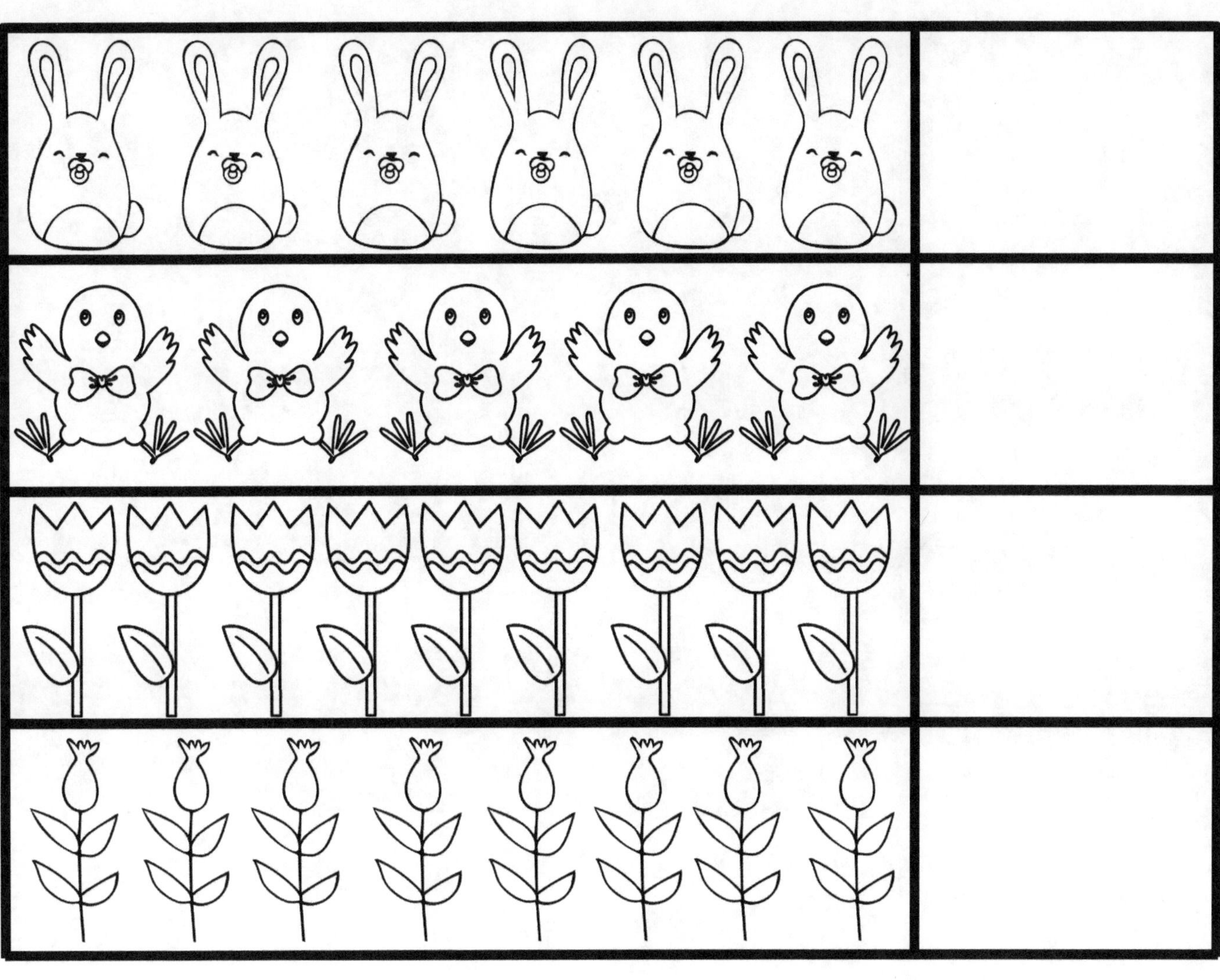

COLORER PUIS COUPER ET COLLER LE BON NUMÉRO

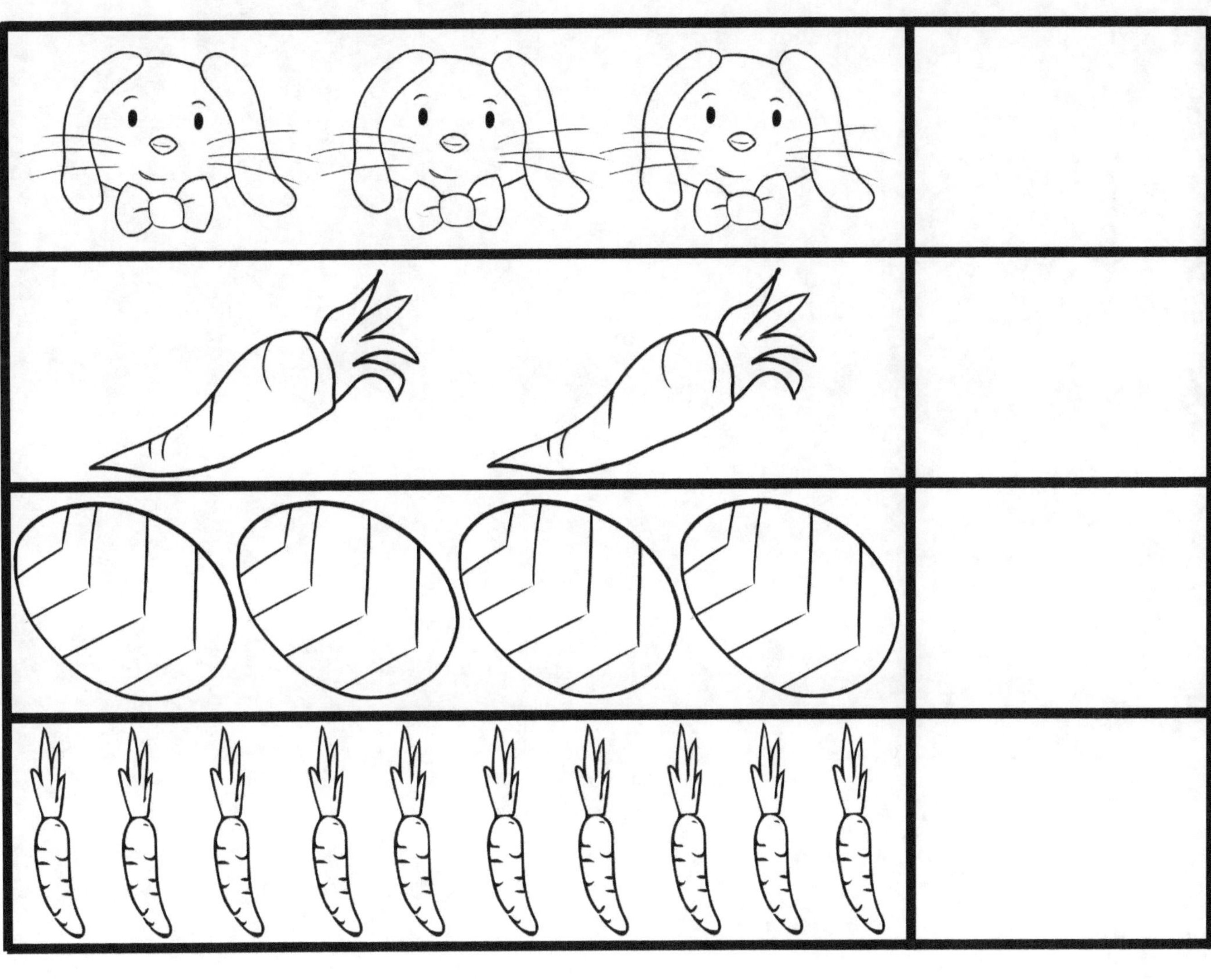

COLORER PUIS COUPER, ET COLLER LE BON NUMÉRO

COLORER PUIS COUPER, ET COLLER LE BON NUMÉRO

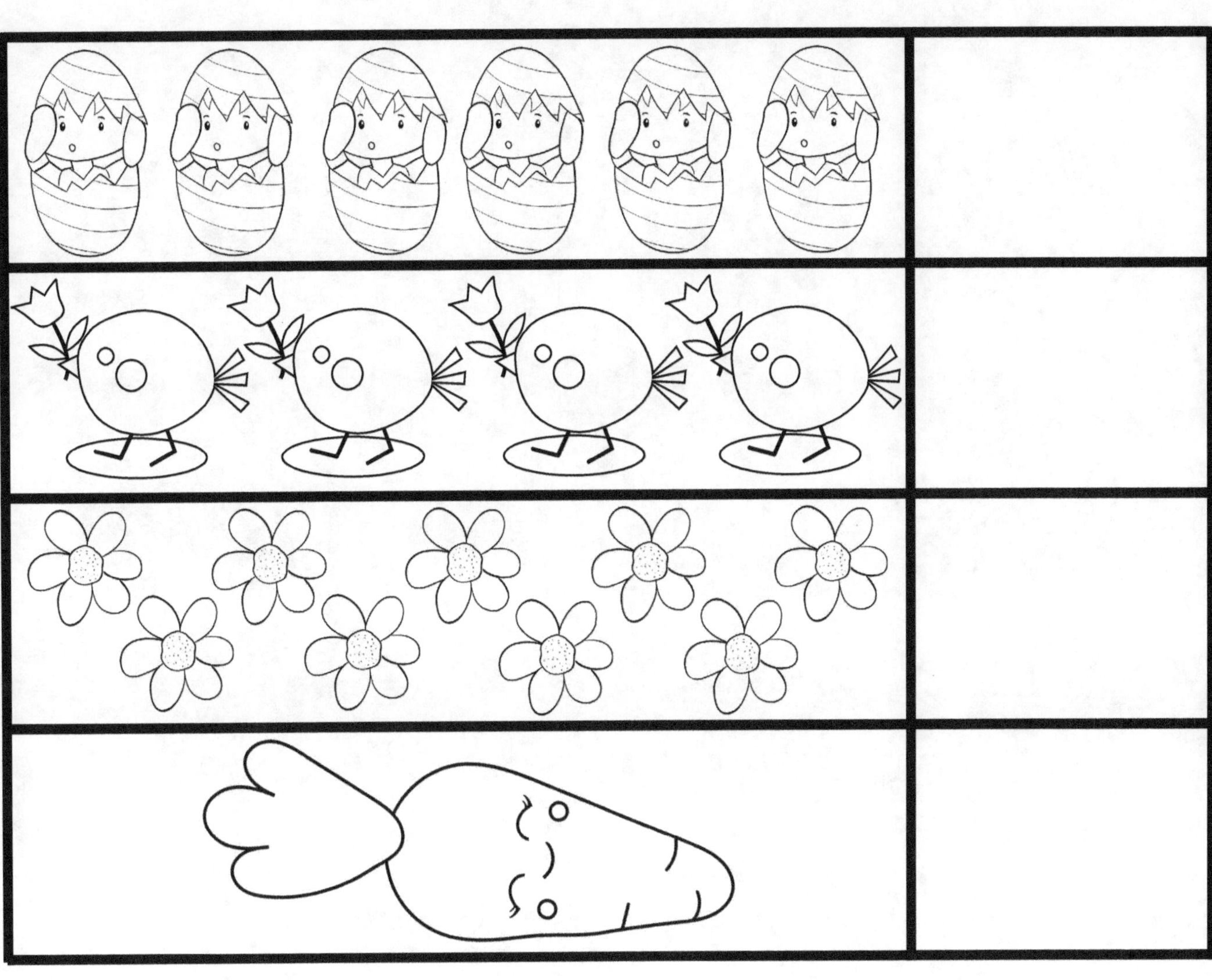

DÉCOUPER

COLLER ET COLORIER

DÉCOUPER

COLLER ET COLORIER

DÉCOUPER

COLLER ET COLORIER

DÉCOUPER

COLLER ET COLORIER

DÉCOUPER

COLLER ET COLORIER

COULEUR ET DÉCOUPE

COULEUR ET DÉCOUPE

COULEUR ET DÉCOUPE

COULEUR ET DÉCOUPE

COULEUR ET DÉCOUPE

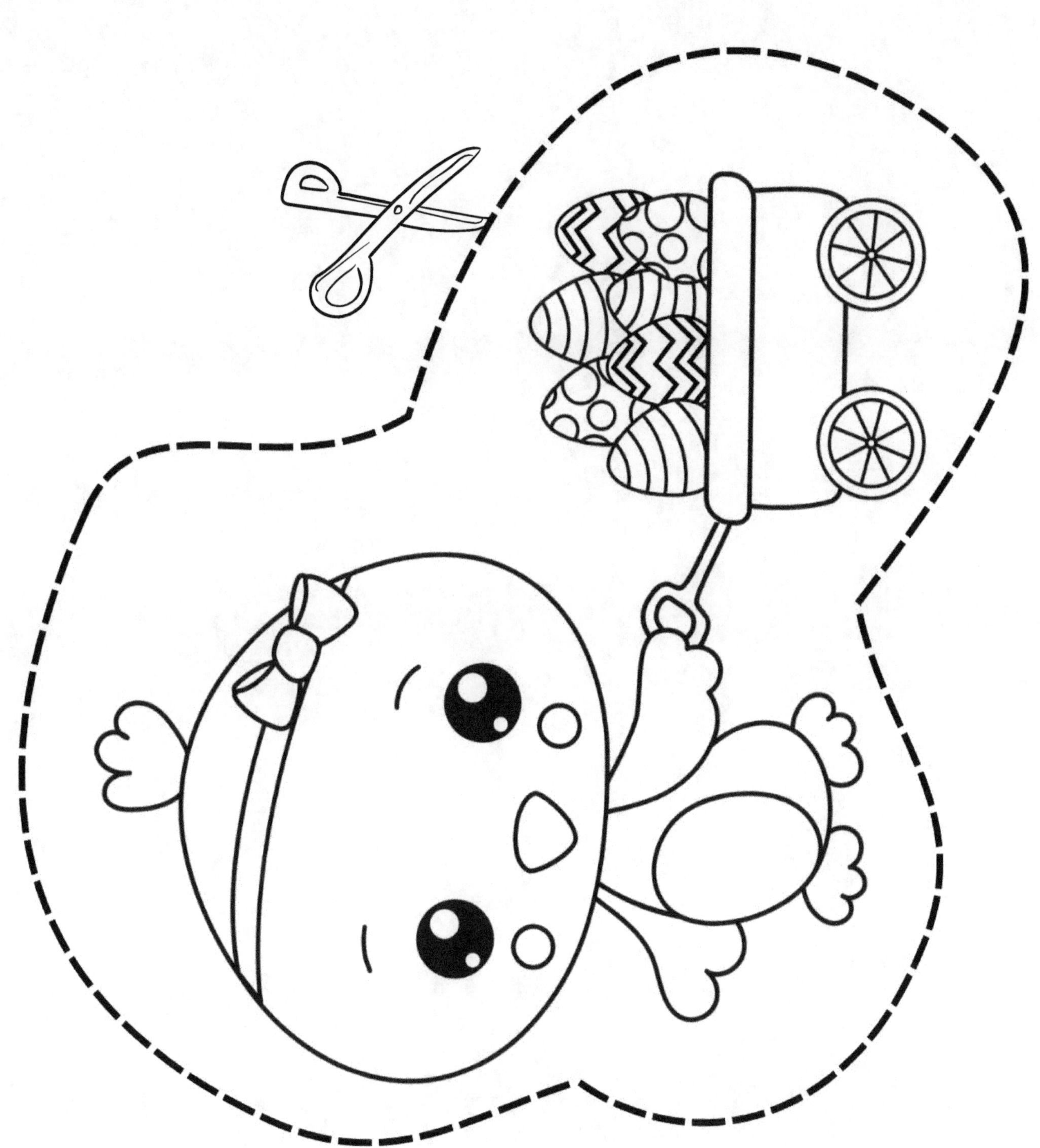

©SIMONE FRALEY PUBLISHING